LES RUINES DE COUCY.

DESCRIPTION

DU CHATEAU

DE COUCY

PAR

M. VIOLLET-LE-DUC
ARCHITECTE DU GOUVERNEMENT

DEUXIÈME ÉDITION
COMPLÉTEMENT REFONDUE ET AUGMENTÉE

PARIS
BANCE EDITEUR, RUE BONAPARTE, 13
EN FACE L'ÉCOLE DES BEAUX-ARTS.

1861

DESCRIPTION

DU

CHATEAU DE PIERREFONDS

PAR

M. VIOLLET-LE-DUC.

Brochure in-8°. — Prix : 2 francs.

Paris.—Imprimé chez Bonaventure et Ducessois,
55, quai des Augustins.

DESCRIPTION

DU

CHATEAU DE COUCY

Dès le commencement du xe siècle, il existait déjà sur l'emplacement du château actuel de Coucy une forteresse bâtie par un archevêque de Reims. Ce territoire appartenait au siége de Reims depuis saint Remi, à qui il avait été donné par Clovis. En 928, le comte de Vermandois, Herbert, s'en empara et y renferma Charles le Simple. Thibaut, comte de Troyes, surnommé le *Tricheur*, le gagna et le perdit plusieurs fois. L'archevêque de Reims finit par le donner en fief au fils du comte, pour un cens annuel de soixante sous.

De ce premier domaine il ne reste aucun vestige; peut-être la chapelle qui autrefois existait dans la basse-cour du château (voy. fig. 1 en A) était-elle un débris de ces constructions, antérieures au XIIIe siècle; la forme de son plan pourrait le faire supposer. Ce que l'on ne saurait contester, c'est que les parties les plus anciennes du château ne remontent pas au delà du commencement du XIIIe siècle.

Ce fut Enguerrand III, le vassal le plus puissant de la couronne de France, qui non-seulement éleva le vaste château de Coucy dont nous voyons encore les restes, mais qui fit bâtir toute l'enceinte de la ville. Enguerrand III eut des démêlés avec l'archevêque de Reims; il ravagea le territoire de cette église, qui ne rentra en possession de ses terres que par l'intervention de Philippe-Auguste. Enguerrand fit partie de l'expédition contre les Albigeois, avec le célèbre comte Simon de Montfort; il fut un des héros de la bataille de Bouvines. Peu après, il eut de nouveaux démêlés avec le chapitre de Laon; il s'empara de la cathédrale, enleva le doyen, le fit enfermer à Coucy et ravagea les terres de l'église. La querelle dura deux années, pendant lesquelles, malgré les protestations des évêques voisins et l'intervention du pape, le doyen resta en prison. Enguerrand contracta des alliances qui augmentèrent encore sa puissance et ses richesses; il se maria trois fois, et sa dernière femme, Marie de Montmirail, lui apporta en dot la terre de Condé-en-Brie.

Enguerrand, par voie de succession, devint seigneur de Montmirail, d'Oisy, de Crèvecœur, et de la Ferté-Ancoul, de la Ferté-Gaucher, vicomte de Meaux et châtelain de Cambrai; il était déjà seigneur de Saint-Gobain, d'Assis, de Marle, de La Fère et de Folembray [1]. Ces richesses, et surtout la trempe de son caractère, engagèrent le sire de Coucy dans les entre-

[1] Voyez *Histoire de Coucy-le-Château*, par M. Melleville. Laon, 1848.

prises tentées contre le pouvoir royal pendant la minorité de saint Louis ; un instant le vassal pensa pouvoir mettre la main sur la couronne de France, mais ses sourdes menées et ses projets ambitieux furent déjoués par la politique de la reine Blanche, qui sut enlever à la coalition féodale un de ses plus puissants appuis, le comte de Champagne. Le sire de Coucy fut bientôt obligé de prêter serment de fidélité entre les mains du roi, qui ne voulut pas se souvenir des projets de son trop puissant vassal. C'est à l'époque des rêves ambitieux d'Enguerrand III qu'il faut faire remonter la construction du château magnifique dont nous voyons encore les ruines gigantesques. Le château de Coucy dut être élevé très-rapidement, ainsi que l'enceinte de la ville qui l'avoisine, de 1225 à 1230. Le caractère de la sculpture, les profils, ainsi que la construction, ne permettent pas de lui assigner une date plus ancienne ni plus récente.

Le château de Coucy n'est plus une enceinte flanquée, enveloppant des bâtiments disposés au hasard, ainsi que les châteaux des XIe et XIIe siècles; c'est un édifice vaste, conçu d'ensemble et élevé d'un seul jet, sous une volonté puissante et au moyen de ressources immenses. Son assiette est admirablement choisie, et ses défenses disposées avec un art dont la description ne donne qu'une faible idée.

Bâti à l'extrémité d'un plateau de forme très-irrégulière, le château de Coucy domine des escarpements assez rapides qui s'élèvent de cinquante mètres environ au-dessus d'une riche vallée, terminée au nord-ouest par la ville de Noyon, et au nord-nord-est par celle de Chauny; il couvre une surface de dix mille mètres environ. Entre la ville et le château est une vaste basse-cour fortifiée, dont la surface est triple au moins de celle occupée par le château. Cette basse-cour renfermait des salles assez étendues dont il reste des amorces visibles encore aujourd'hui, enrichies de colonnes et chapiteaux sculptés, avec voûtes d'arêtes; des écuries et une chapelle orientée tracée en A sur notre plan du rez-de-chaussée (fig. 1). C'est la chapelle romane dont nous venons de parler [1]. On ne communiquait de la ville à la basse-cour ou *baille* que par une porte donnant sur la ville et défendue contre elle par deux petites tours [2]. La *baille* était protégée par le donjon B qui domine tout son périmètre et ses remparts flanqués par les deux tours extrêmes du château CD. Un fossé de vingt mètres de largeur sépare le château de la basse-cour. Un seul pont jeté en E sur ce fossé donnait entrée dans le château, et était composé de piles isolées avec deux tabliers à bascule en bois, défendus par deux portes avancées E'E'' et deux corps de garde F,F' posés sur des piles de manière à laisser libre le fond du fossé. La porte en G

[1] Des fouilles récentes ont mis à découvert les premières assises de cette chapelle construite au XIe siècle et restaurée à la fin du XIIe, ainsi que le prouvent les fragments retrouvés en place.

[2] C'est dans les bâtiments dépendant de cette porte que le seigneur de Coucy logeait le châtelain. On désignait ce bâtiment. sous le nom de *porte Maître-Odon*. (Voy. le *Dictionnaire historique du département de l'Aisne*, par M. Melleville, 1857.)

est munie de doubles herses et de vantaux. Cette porte s'ouvre sur un long passage voûté qu'il était facile de défendre, et qui devait être muni de mâchicoulis sous le passage.

Des deux côtés du couloir sont disposées des salles de gardes H voûtées et pouvant contenir des postes nombreux. Au-dessus s'élevait un logis à plusieurs étages dominant la porte et se reliant à la courtine I. Du couloir d'entrée on débouchait dans la cour K du château, entourée de bâtiments appuyés sur la courtine. En L se trouvaient des bâtiments de service voûtés à rez-de-chaussée et surmontés de deux étages; en M les appartements d'habitation à trois étages, du côté où le château est le moins accessible du dehors, et desservis par le grand escalier M'; en N de vastes magasins voûtés à rez-de-chaussée (celliers), avec caves au-dessous fermées en berceau ogival. Les magasins N portaient, au premier étage, la grande salle éclairée sur les dehors. En O, on voit les soubassements de la chapelle qui, au premier étage, se trouvait de plain-pied avec la grande salle. Les cuisines étaient très-probablement placées en P, avec escalier particulier P' communiquant aux caves; elles possédaient une cour particulière en R à laquelle on arrivait sous la chapelle dont le soubassement, formant rez-de-chaussée, reste à jour. Les tours, C, D, S, T possèdent deux étages de caves et trois étages de salles au-dessus du sol, sans compter l'étage des combles. Elles sont, comme on le remarquera, très-saillantes sur les courtines, de manière à les bien flanquer. Ces tours, qui n'ont pas moins de dix-huit mètres de diamètre hors œuvre sur trente-cinq mètres environ de hauteur au-dessus du sol extérieur, ne sont rien auprès du donjon, qui porte trente et un mètres de diamètre hors œuvre sur soixante mètres depuis le fond du fossé dallé jusqu'au couronnement. Outre son fossé, ce donjon possède une enceinte circulaire extérieure ou *chemise* qui le protége contre les dehors du côté de la baille. On montait du sol de la cour au chemin de ronde de la chemise par la rampe V, près l'entrée du donjon. On communiquait des salles P (cuisines) avec les dehors au moyen d'un escalier descendant au fond du fossé de la chemise et par une poterne percée en X, munie de vantaux, de mâchicoulis et de herses, correspondant à une seconde poterne Y avec pont-levis, donnant sur l'escarpement et masquée par la tour C. Un chemin de ronde inférieur X′ voûté en demi-berceau, percé au niveau du fond du fossé, suit la circonférence de la chemise, et était évidemment destiné à arrêter les travaux des mineurs, comme nos galeries de contre-mine permanentes, ménagées sous les revêtements des courtines et bastions.

Dans ce souterrain en X″ se trouve une source excellente à fleur de terre, à l'usage de la cuisine. En W sont les latrines, prises aux dépens de l'épaisseur du mur de la chemise, pour les gardes de cette enceinte et les gens de cuisine. En Z était une cage avec escalier de bois [1], pouvant être détruit facilement, qui

[1] Voy. Ducerceau. *Des plus Excellens Bâtimens de France.*

mettait le souterrain inférieur en communication avec le chemin de ronde supérieur. Le petit escalier Q, donnant dans la salle P, desservait la herse et le mâchicoulis de la poterne X. Le souterrain inférieur X se trouvait encore en communication avec l'escalier U, desservant les ouvrages supérieurs de la porte. Si l'assiégeant s'était emparé de la poterne X (ce qui était difficile, puisqu'il fallait franchir la première porte Y et son pont-levis, traverser le chemin Y-X sous les projectiles lancés de la partie supérieure de la chemise et du crénelage ouvert sur le mur J, forcer deux vantaux et affronter un mâchicoulis), il se trouvait en face de la herse donnant sur le fond du fossé de la chemise, ayant à sa gauche la porte ferrée qui fermait le bas de l'escalier de la cuisine, et arrêté dans la galerie inférieure X′ par la source X″, qui est un véritable puits dans un souterrain obscur. S'il forçait la herse, il pénétrait dans le fond du fossé intérieur V′, lequel est dallé et sans communication avec le sol de la cour; battu par les défenses supérieures du donjon, qui lui envoyaient des projectiles d'une hauteur de 60 mètres, et par le chemin de ronde de la courtine, il était perdu, d'autant que les hommes occupant ce chemin de ronde pouvaient descendre par l'escalier Z, passer dans la galerie de contre-mine X′, traverser la source sur une planche, et lui couper la retraite en refermant la poterne derrière lui. Si, du fond du fossé extérieur, il parvenait à miner le pied de la chemise, il trouvait le souterrain occupé; ce travail de sape ne pouvait, en aucune façon, affaiblir les murs de la chemise, car on remarquera que ce souterrain est pris aux dépens d'un talus, d'un soubassement, derrière lequel la maçonnerie de la chemise est intacte.

De toutes les défenses du château de Coucy, le donjon est de beaucoup la plus forte et la mieux traitée. Cette belle construction mérite une attention toute particulière. Elle se compose, à l'intérieur, de trois étages voûtés, et d'un large chemin de ronde supérieur, avec comble plat au centre, recouvert autrefois de plomb. Pour entrer dans la salle du rez-de-chaussée, il fallait franchir un pont à bascule (*pont-torneïs*) qui, roulant sur un axe, fermait la porte en se relevant. Les traces de cette disposition primitive sont encore visibles. Le tablier du pont à bascule tombait sur une pile isolée, dont on retrouve les premières assises au milieu du fossé. Le pont abaissé, au moyen d'un treuil placé dans un petit entre-sol au-dessus de la porte, on était arrêté par une herse glissant dans deux rainures, derrière les tableaux de la porte, et par un mâchicoulis. La herse et le mâchicoulis étaient servis de même par les gens postés dans la pièce de l'entre-sol. A la suite de la herse se trouvait une porte à un vantail, renforcée d'énormes barres rentrant dans l'épaisseur de la muraille. Pour entrer dans la salle ou dans l'escalier, il fallait encore forcer des portes munies de barres. Il existait même une grille à l'issue du couloir d'entrée sur la salle, afin de permettre aux gens du dedans de couvrir de projectiles ceux qui se seraient aventurés sous ce passage. La salle du rez-de-chaussée est magnifique; elle se compose de douze côtés, formant chacun une large niche, voûtée en berceau tiers-point.

On observera que ces niches sont doubles en hauteur, formant ainsi deux rangs de vastes armoires l'un au-dessus de l'autre, très-propres à conserver et ranger avec ordre les projectiles et armes dont on avait besoin en temps de siége.

L'un de ces renfoncements contient un puits très-profond et large ; un autre sert de cheminée. A gauche du couloir d'entrée sont des latrines ; à droite, l'escalier qui monte jusqu'au faîte du donjon. Cette salle était voûtée au moyen de douze demi-arcs, en quart de cercle, aboutissant à une clef énorme percée d'un œil [1], afin de permettre aux hommes d'armes, postés dans l'étage supérieur, de donner ou recevoir des ordres. Ces arcs sont portés sur des chapiteaux en culs-de-lampe sculptés, avec figures. Deux fenêtres percées à une grande hauteur éclairaient ce rez-de-chaussée, et quoique la salle dût être assez sombre, elle était intérieurement décorée de peinture.

Le premier étage présentait la même disposition en plan, et était voûté de la même manière. La salle contenait, outre la cheminée, un four à cuire le pain ; elle était éclairée par trois fenêtres, et était mise en communication avec la chemise au moyen d'une petite porte et d'un pont volant en bois, dont on voit encore les scellements. A l'époque des reconstructions par-

[1] Une de ces clefs sert de margelle au puits de la place de la ville.

tielles du château, c'est-à-dire au commencement du XVe siècle, on pratiqua un petit réduit sous une des fenêtres, ayant une entrée détournée dans la salle, et une ouverture au dehors. Des latrines sont disposées à cet étage au-dessus de celles du rez-de-chaussée.

Le second étage, couvert en partie par des voûtes en berceau, en partie par une voûte en arcs ogives à douze pans, présente une disposition fort belle et bien conçue; c'est une grande salle entourée d'un portique, dont le sol est élevé de 3 mètres environ au-dessus du pavé. Des balcons en bois, dont la trace est partout évidente, permettaient de s'avancer jusqu'à la circonférence intérieure formée par les têtes des piles. C'était là qu'on réunissait toute la garnison, lorsqu'il fallait donner des ordres généraux. Douze ou quinze cents hommes armés pouvaient facilement, grâce à ce portique et à ces balcons, se tenir dans cette immense rotonde et entendre ce qui se disait au centre. Il n'est guère de monuments, soit de l'époque romaine, soit modernes, qui présentent un aspect à la fois plus grandiose et plus puissant que cette belle construction.

Nous essayons d'en donner une faible idée dans la fig. 5. Qu'on se représente par la pensée un millier d'hommes d'armes réunis dans cette rotonde et son portique disposé comme des loges d'une salle de spectacle, des jours rares éclairant cette foule; au centre, le châtelain donnant ses ordres, pendant qu'on s'empresse de monter, au moyen d'un treuil, des armes et des projectiles à travers les œils des voûtes. Ou encore, la nuit, quelques lampes accrochées aux parois du portique, la garnison sommeillant ou causant dans ce vaste réservoir d'hommes; qu'on écoute les bruits du dehors qui arrivent par l'œil central de la voûte, l'appel aux armes, les pas précipités des défenseurs sur les hourds de bois, certes on se peindra une scène d'une singulière grandeur. Si loin que puisse aller l'imagination des romanciers ou des historiens chercheurs de la *couleur locale*, elle leur représentera difficilement ce que la vue de ces monuments si grands et si simples dans leurs dispositions rend intelligible au premier coup d'œil. Aussi conseillons-nous à tous ceux qui aiment à vivre quelquefois dans le passé d'aller voir le donjon de Coucy, car rien ne peint mieux la féodalité dans sa puissance, ses mœurs, sa vie toute guerrière, que cet admirable débris du château d'Enguerrand.

En montant toujours par l'escalier à vis on arrive au dernier étage, qui est crénelé. Une couverture en plomb protégeait les voûtes et formait une plate-forme en pavillon; à l'entour un large chemin de ronde permet de circuler librement et d'arriver aux créneaux. Les écoulements d'eau bien ménagés dans les reins de chacune des voûtes du portique ne peuvent laisser douter que cet étage n'ait toujours été laissé à ciel ouvert, ainsi que l'indique la gravure de Ducerceau; cependant, en temps de guerre, de grands hourds à double étage étaient posés sur les corbeaux en pierre qui existent en contre-bas du crénelage. La figure 4 présente une portion de ces hourds posés. On voit apparaître au sommet du donjon de Coucy la transition des hourds de bois aux mâchicoulis de pierre. En effet, pour un ouvrage aussi puissamment conçu et exécuté, les hourds de bois portés par des solives en bascule ne devaient pas paraître une défense assez durable. Ce système de hourds portés par des consoles de pierre est appliqué non-seulement au donjon de Coucy, mais aussi aux tours du château [1]. Les dispositions défensives de Coucy n'attirent pas seules l'attention de l'archéologue ; le donjon présente des fragments de sculpture d'une grande beauté.

Voici par quel procédé le donjon de Coucy dut être élevé : la construction fut conduite en spirale, de la base au sommet, au moyen d'un échafaudage dressé en même temps que les maçonneries s'élevaient; cet échafaud formait ainsi en dehors du parement extérieur un chemin incliné qui permettait de rouler sans difficulté les plus grosses pierres jusqu'au faîte. Les trous carrés des boulins de ces échafauds et des liens qui empêchaient leur bascule sont visibles et régulièrement disposés au pourtour de l'énorme cylindre. Il est impossible d'employer un procédé à la fois plus simple et plus ingénieux pour bâtir rapidement, et sans frais inutiles, une aussi grosse tour. Aujourd'hui les voûtes des trois étages sont crevées, et le glacis supérieur ainsi que les quatre pinacles qui couronnaient la corniche n'existent plus. Ce couronnement nous est indiqué par Ducerceau, dans son livre : *Des*

[1] A la porte de la ville de Coucy, dite *porte de Laon*, on voit encore des fragments de ces hourds de bois posés sur des corbeaux de pierre.

plus excellens bâtimens de France ; on a trouvé quelques morceaux de ce glacis et des pinacles dans le fond du fossé. Toute la maçonnerie était chaînée au moyen de longrines de bois de 0,20 c. à 0,30 c. d'équarrissage, noyées dans l'épaisseur des murs suivant la méthode encore en usage au XIIe siècle. Au-dessus des voûtes du premier et du second étage, ce chaînage se reliait à des enrayures également en bois.

Pendant les premières années du XVe siècle, la grand'-salle et les bâtiments d'habitation M (voir la fig. 1) furent reconstruits, ainsi que les étages supérieurs de la porte ; des jours plus larges furent percés à l'extérieur, et les courtines reçurent des mâchicoulis avec parapets en pierre, suivant la méthode du temps, au lieu de consoles avec hourds en bois. Les autres parties du château restèrent telles qu'Enguerrand III les avait laissées.

Ce ne fut que pendant les troubles de la Fronde que cette magnifique résidence seigneuriale fut entièrement ravagée. Son gouverneur, nommé Hébert, fut sommé par le cardinal Mazarin de rendre la place entre les mains du maréchal d'Estrées, gouverneur de Laon.

Hébert ayant résisté à cette sommation, en prétextant d'ordres contraires laissés par le roi Louis XIII, le siége fut mis, le 10 mai 1652, devant la ville, qui fut bientôt prise; puis, quelque temps après, la garnison du château se vit contrainte de capituler.

Le cardinal Mazarin fit immédiatement démanteler la place. Le sieur Métezeau, fils de l'ingénieur qui construisit la digue de La Rochelle, fut celui que le cardinal envoya à Coucy pour consommer cette œuvre de destruction.

Au moyen de la mine, il fit sauter la partie antérieure de la chemise ainsi que les voûtes du donjon et la plupart de celles des autres tours, incendia les bâtiments du château et le rendit inhabitable.

Depuis lors, les gens de Coucy, jusqu'à ces derniers temps, ne cessèrent de prendre dans l'enceinte du château les pierres dont ils avaient besoin pour la construction de leurs maisons, et cette destruction prolongée compléta l'œuvre de Mazarin.

Cependant, malgré ces causes de ruine, la masse du château de Coucy est encore debout et est restée une des plus imposantes merveilles de l'époque féodale. Si on eût laissé au temps seul la tâche de dégrader la résidence seigneuriale des sires de Coucy, nous verrions encore aujourd'hui ces énormes constructions dans toute leur splendeur primitive, car les matériaux, d'une excellente qualité, n'ont subi aucune altération; les bâtisses étaient conçues de manière à durer éternellement, et les peintures intérieures, dans les endroits abrités, sont aussi fraîches que si elles venaient d'être faites.

Autant qu'on peut le reconnaître en examinant les substructions, le château de Coucy est traversé dans ses fondations par de nombreux et vastes souterrains, qui semblent avoir été systématiquement disposés pour établir des communications cachées entre tous les points de la défense intérieure et les dehors.

La tradition va même jusqu'à prétendre qu'un de ces souterrains, dont l'entrée se voit dans les grandes caves, sous les bâtiments d'habitation M, se dirigeait à travers les coteaux et les vallées jusqu'à l'abbaye de Prémontré. Nous sommes loin de garantir le fait, d'autant plus que des légendes semblables s'attachent aux ruines de tous les châteaux du moyen âge en France ; mais il est certain que, de tous côtés, dans les caves, on aperçoit des bouches de galeries voûtées qui sont aujourd'hui remplies de décombres. Nous donnons (fig. 2) le plan du premier étage du château de Coucy ; on voit en A les logis placés au-dessus de la porte d'entrée, en B le donjon avec sa chemise; en R la chapelle orientée, conçue et exécutée avec une grandeur sans pareille, si on en juge par les fragments des meneaux des fenêtres qui jonchent le sol ; en D la grand'salle du tribunal dite des Preux, parce qu'on y voyait dans des niches les statues des *neuf preux*. Deux cheminées chauffaient cette salle, largement éclairée à son extrémité méridionale par une grande verrière ouverte dans le pignon.

Une charpente en bois avec berceau ogival lambrissé couvrait cette salle. En E, la salle des *neuf Preuses*, dont les figures étaient sculptées en ronde-bosse sur le manteau de la cheminée. Ducerceau nous a conservé une gravure de cette cheminée, qui se divisait en deux âtres séparés par un pilier, ainsi que l'indique le plan. Un boudoir F, pris aux dépens de l'épaisseur de la courtine, accompagnait la salle des Preuses. Cette pièce, éclairée par une grande et large fenêtre donnant sur la campagne du côté de Noyon, était certainement le lieu le plus agréable du château ; une petite cheminée la chauffait, et elle était voûtée avec élégance par des voûtes d'arêtes.

Ces dernières bâtisses étaient de la fin du XIVe siècle ou du commencement du XVe ; on voit parfaitement comment elles furent incrustées dans les anciennes constructions ; comment, pour les rendre plus habitables, on suréleva les courtines d'un étage ; car, dans la construction primitive, ces courtines n'atteignaient certainement pas un niveau aussi élevé, laissaient aux cinq tours un commandement plus considérable, et les bâtiments d'habitation avaient une beaucoup moins grande importance. Du temps d'Enguerrand III, la véritable habitation du seigneur était le donjon ; mais quand les mœurs féodales, de rudes qu'elles étaient, devinrent au contraire, vers la fin du XIVe siècle, élégantes et raffinées, ce donjon dut paraître fort triste, sombre et incommode : les seigneurs de Coucy bâtirent alors ces élégantes constructions ouvertes sur la campagne, et les fortifièrent suivant la méthode adoptée à cette époque.

Le donjon et sa chemise, les quatre tours d'angle, la partie inférieure des courtines, le rez-de-chaussée de la porte d'entrée et la chapelle, ainsi que toute l'enceinte de la baille, appartiennent à la construction primitive du château de Coucy sous Enguerrand III.

Ces quatre tours méritent que nous en disions quelques mots. Chaque chambre, à partir du rez-de-chaussée, se compose à l'intérieur de six pans avec niches dont quelques-unes sont percées en meurtrières. Ces pièces sont voûtées et les niches se chevauchent à chaque étage, les pleins étant au-dessus des vides, *et vice versâ*, ce qui était fait pour voir tous les points du dehors et surtout pour éviter les lézardes verticales qui se produisent dans ces sortes de constructions, lorsque les vides sont tous au-dessus les uns des autres. Des cheminées sont pratiquées dans les salles, qui sont en outre accompagnées de latrines. On remarquera que les escaliers à vis ne montent pas de fond, mais s'interrompent à partir du premier étage pour reprendre de l'autre côté de l'entrée de la tour.

C'est là une disposition souvent adoptée dans les tours de cette époque, afin d'éviter les trahisons et de forcer les personnes qui veulent monter sur les parapets de passer par l'une des salles. C'était un moyen de rendre la surveillance facile, et de reconnaître les gens de la garnison qui montaient aux parapets pour le service; car les parapets des courtines n'étaient accessibles que par les tours, et les escaliers des tours desservaient par conséquent toutes les défenses supérieures. Nous avons figuré en G (fig. 2) le pont volant, mettant en communication la grand'salle D avec le chemin de ronde de la basse-cour du côté du sud. Si, par escalade, l'ennemi se fût emparé du chemin de ronde H de la chemise, il lui fallait forcer soit la porte I, soit la porte K, pour pénétrer dans le château. Les postes établis en A ou en L le jetaient par-dessus les parapets ou dans le fossé de la chemise. Le poste A servait la terrasse crénelée M au-dessus de la porte, de même que le poste L servait le chemin de ronde N commandant le pont volant G. Quant à la garnison du donjon, du premier étage elle pénétrait sur le chemin de ronde de la courtine par un pont volant O, mais en passant par le corps de garde L. Avec des défenses aussi bien entendues, il n'y avait pas de surprises à craindre, pour peu que la garnison du château connût parfaitement ses nombreux détours, les ressources qu'ils présentaient, et qu'elle prît quelque soin de se garder.

Une vue cavalière restaurée, tracée du côté de la basse-cour (fig. 3), fera comprendre les dispositions intérieures et extérieures du château de Coucy.

Il faut reconnaître qu'un long séjour dans un château de cette importance devait être assez triste, surtout avant les modifications apportées au XVe siècle, modifications faites évidemment avec l'intention de rendre l'habitation de cette résidence moins fermée et plus commode.

La cour, ombragée par cet énorme donjon, entourée de bâtiments élevés et d'un aspect sévère, devait paraître étroite et sombre, ainsi qu'on peut en juger par la vue présentée (fig. 4). Tout est colossal dans cette forteresse ; quoique exécutée avec grand soin, la construction a quelque chose de rude et de sauvage qui rapetisse l'homme de notre temps. Il semble que les habitants de cette demeure féodale devaient appartenir à une race de géants, car tout ce qui tient à l'usage habituel est à une échelle supérieure à celle admise aujourd'hui : les marches des escaliers (nous parlons des constructions du XIIIe siècle), les alléges des créneaux, les bancs sont faits pour des hommes d'une taille au-dessus de l'ordinaire.

Enguerrand III, seigneur puissant, de mœurs farouches, guerrier intrépide, avait-il voulu en imposer par cette apparence de force extrahumaine, ou avait-il composé sa garnison d'hommes d'élite? C'est ce que nous ne saurions décider; mais, en construisant son château, il pensait certainement à le peupler de géants. Ce seigneur avait toujours avec lui cinquante chevaliers, ce qui donnait un chiffre de cinq cents hommes de guerre environ en temps ordinaire. Il ne fallait rien moins qu'une garnison aussi nombreuse pour garder le château et la basse-cour. Les caves et magasins immenses qui existent encore sous le rez-de-chaussée des bâtiments du château permettaient d'entasser des vivres pour plus d'une année, en supposant une garnison de mille hommes. Au XIIIe siècle, un seigneur féodal, possesseur d'une semblable forteresse et de richesses assez considérables pour s'entourer d'un pareil nombre de gens d'armes, et pour leur fournir des munitions et des vivres pendant un siége d'un an, pouvait défier toutes les armées de son siècle; or, le sire de Coucy n'était pas le seul vassal du roi de France dont la puissance fût à redouter.

Les successeurs du redoutable Enguerrand III, véritable type du seigneur féodal, virent l'énorme puissance de leur aïeul décliner entre leurs mains. Son fils Raoul II périt en Égypte à la bataille de Mansourah. Enguerrand VII, qui devint seigneur de Coucy en 1344, fut envoyé en Angleterre comme otage de la rançon du roi Jean, et à son retour se vit contraint d'accorder à vingt-deux des bourgs et villages qui relevaient de son château une charte collective d'affranchissement. Il mourut en 1396, en Bithynie. Ce fut le dernier seigneur de la famille de Coucy. En 1400, Louis d'Orléans acquit ce beau domaine moyennant 400,000 livres tournois. La terre fut érigée en pairie pour lui, par le roi Charles VI, en 1404. Louis d'Orléans, qui fit bâtir le château de Pierrefonds, possédait ainsi entre Paris et la Flandre deux places d'une grande importance. Ce fut très-probablement lui qui fit reconstruire en grande partie les bâtiments d'habitation du château de Coucy, les grandes salles des Preux et des Preuses, et qui fit surélever les anciennes courtines du temps d'Enguerrand III. D'après leur caractère archéologique, ces constructions doivent appartenir à l'époque de l'acquisition du domaine de Coucy par ce prince, c'est-à-dire aux premières années du XVe siècle. Il ne paraît guère probable qu'Enguerrand VII, trouvant son domaine dévasté et ses revenus considérablement diminués à son retour d'Angleterre, ait pu entreprendre des travaux aussi importants et aussi dispendieux; tandis qu'au contraire Louis d'Orléans, prince fort riche et grand amateur des belles résidences, devait naturellement, en faisant l'acquisition du château de Coucy, vouloir donner à ce domaine une nouvelle splendeur.

Louis II, duc d'Orléans, en montant sur le trône

en 1498 sous le nom de Louis XII, réunit la terre de Coucy au domaine royal; elle devint l'apanage de sa fille Claude de France, qui épousa François, duc d'Angoulême, lequel à son tour devint roi de France sous le nom de François Ier. Coucy rentra une seconde fois ainsi dans le domaine royal. François Ier fit faire quelques travaux dans les bâtiments qui surmontaient la porte d'entrée du château; il n'en reste aucune trace. Depuis, Coucy devint l'apanage des ducs d'Orléans; le frère de Louis XIV était sire de Coucy, et son dernier seigneur fut Louis-Philippe-Joseph d'Orléans, dit Égalité.

Aujourd'hui le château de Coucy, avec le petit bois qui l'entoure, fait partie du domaine de l'État. Depuis 1856, des travaux de consolidation et de déblayement y ont été entrepris sous la direction du ministre d'État et de la maison de l'Empereur. Ces travaux devenaient urgents; car le grand donjon, lézardé par les explosions des mines de Métezeau, abandonné depuis à toutes les intempéries, menaçait de s'écrouler en grande partie. Le gouvernement de l'Empereur n'a pas voulu qu'une aussi belle ruine, qui rappelle de si grands souvenirs et dont l'aspect est encore si imposant, ne fût pas conservée. Des crédits assez importants ont été accordés pour reprendre les lézardes principales du donjon, pour le chaîner provisoirement au moyen de deux cercles en fer et pour le couvrir. Les fouilles entreprises ont déjà fait retrouver des débris intéressants; le fond dallé du fossé du donjon, la petite poterne inférieure et les soubassements intérieurs des grandes salles des Preux et des Preuses. Les habitants de Coucy ne peuvent plus venir arracher les pierres du château, surveillé par un gardien demeurant dans son enceinte.

La vue dont on jouit au sommet du donjon est des plus magnifiques; on découvre la campagne depuis les plateaux boisés qui dominent la ville de Laon jusqu'à la forêt de Compiègne, jusqu'à Noyon et Chauny.

FIN

Fig. 1.

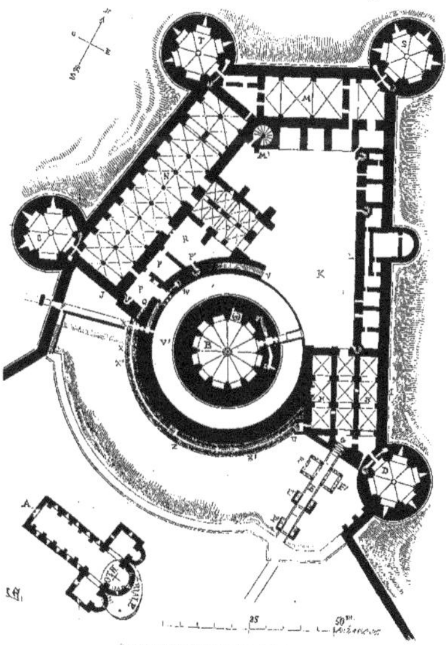

PLAN DU CHATEAU DE COUCY.

Fig. 2.

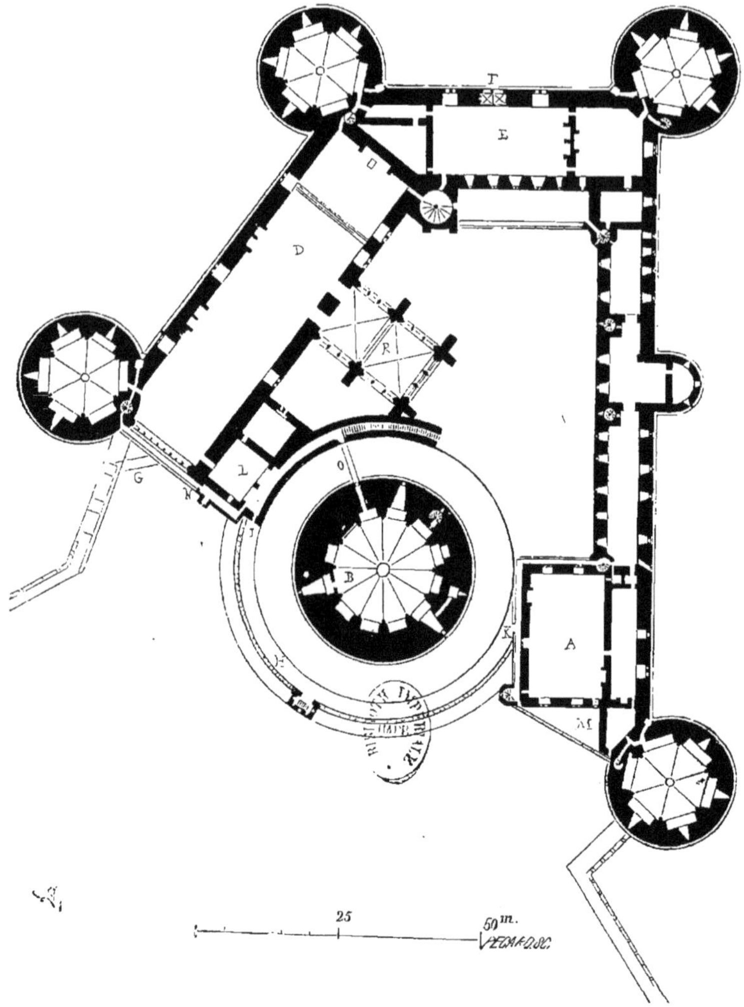

PLAN DU PREMIER ÉTAGE.

Fig. 3.

VUE RESTAURÉE EXTÉRIEURE DU CHATEAU DE COUCY.

Fig. 4.

VUE RESTAURÉE DE LA COUR ET DU DONJON
DU CHATEAU DE COUCY

Fig. 5.

40

SALLE SUPÉRIEURE DU DONJON.

www.ingramcontent.com/pod-product-compliance
Ingram Content Group UK Ltd.
Pitfield, Milton Keynes, MK11 3LW, UK
UKHW032023260826
14628UKWH00006B/2675

9 782014 022391